Tafeln

zur Berechnung des staatlichen Malzaufschlages

nach den allgemeinen und den um 10 vom Hundert erhöhten Sätzen, des gemeindlichen Malzaufschlages nach 1.90 Mk. und der Übergangsabgabe nach den Sätzen von 4.30 Mk., 4.40 Mk., 4.50 Mk., 4.60 Mk. und 6.00 Mk.

Von

Josef Renner,

K. Steuerrevisor.

München 1912.

J. Schweitzer Verlag (Arthur Sellier).

Preis M. —.90.

Inhalts=Verzeichnis.

Aufschlagsatz = 10 M pro dz

für Personen, die Bier nur für ihren Hausbedarf bereiten und hiezu im Kalenderjahr nicht mehr als 5 dz Malz verwenden. (MAGes. Art. 5 Abs. 5; MAAB. § 10.)

Malzmenge	Aufschlagbetrag		Malzmenge	Aufschlagbetrag		Malzmenge	Aufschlagbetrag		Malzmenge	Aufschlagbetrag		Malzmenge	Aufschlagbetrag	
kg	M	Pf	kg	M	Pf	kg	M	Pf	kg	M	Pf	dz	M	Pf
1	—	10	26	2	60	51	5	10	76	7	60	2	20	—
2	—	20	27	2	70	52	5	20	77	7	70	3	30	—
3	—	30	28	2	80	53	5	30	78	7	80	4	40	—
4	—	40	29	2	90	54	5	40	79	7	90	5	50	—
5	—	50	30	3	—	55	5	50	80	8	—			
6	—	60	31	3	10	56	5	60	81	8	10			
7	—	70	32	3	20	57	5	70	82	8	20			
8	—	80	33	3	30	58	5	80	83	8	30			
9	—	90	34	3	40	59	5	90	84	8	40			
10	1	—	35	3	50	60	6	—	85	8	50			
11	1	10	36	3	60	61	6	10	86	8	60			
12	1	20	37	3	70	62	6	20	87	8	70			
13	1	30	38	3	80	63	6	30	88	8	80			
14	1	40	39	3	90	64	6	40	89	8	90			
15	1	50	40	4	—	65	6	50	90	9	—			
16	1	60	41	4	10	66	6	60	91	9	10			
17	1	70	42	4	20	67	6	70	92	9	20			
18	1	80	43	4	30	68	6	80	93	9	30			
19	1	90	44	4	40	69	6	90	94	9	40			
20	2	—	45	4	50	70	7	—	95	9	50			
21	2	10	46	4	60	71	7	10	96	9	60			
22	2	20	47	4	70	72	7	20	97	9	70			
23	2	30	48	4	80	73	7	30	98	9	80			
24	2	40	49	4	90	74	7	40	99	9	90			
25	2	50	50	5	—	75	7	50	100	10	—			

Aufschlagsatz = 15 M pro dz

bis zu 1000 dz des in einem Brauereibetrieb innerhalb eines Kalenderjahres steuerbar gewordenen ungeschroteten Malzes. (MAGes. Art. 5 Abs. 1 [Staffel 1] MAAB. § 9.)

Malzmenge	Aufschlagbetrag		Malzmenge	Aufschlagbetrag		Malzmenge	Aufschlagbetrag		Malzmenge	Aufschlagbetrag		Malzmenge	Aufschlagbetrag		Malzmenge	Aufschlagbetrag	
kg	M	Pf	kg	M	Pf	kg	M	Pf	kg	M	Pf	dz	M	Pf	dz	M	Pf
1	—	15	**26**	3	90	**51**	7	65	**76**	11	40	**1**	15	—	**100**	1500	—
2	—	30	**27**	4	05	**52**	7	80	**77**	11	55	**2**	30	—	**200**	3000	—
3	—	45	**28**	4	20	**53**	7	95	**78**	11	70	**3**	45	—	**300**	4500	—
4	—	60	**29**	4	35	**54**	8	10	**79**	11	85	**4**	60	—	**400**	6000	—
5	—	75	**30**	4	50	**55**	8	25	**80**	12	—	**5**	75	—	**500**	7500	—
6	—	90	**31**	4	65	**56**	8	40	**81**	12	15	**6**	90	—	**600**	9000	—
7	1	05	**32**	4	80	**57**	8	55	**82**	12	30	**7**	105	—	**700**	10500	—
8	1	20	**33**	4	95	**58**	8	70	**83**	12	45	**8**	120	—	**800**	12000	—
9	1	35	**34**	5	10	**59**	8	85	**84**	12	60	**9**	135	—	**900**	13500	—
10	1	50	**35**	5	25	**60**	9	—	**85**	12	75	**10**	150	—	**1000**	15000	—
11	1	65	**36**	5	40	**61**	9	15	**86**	12	90	**20**	300	—			
12	1	80	**37**	5	55	**62**	9	30	**87**	13	05	**30**	450	—			
13	1	95	**38**	5	70	**63**	9	45	**88**	13	20	**40**	600	—			
14	2	10	**39**	5	85	**64**	9	60	**89**	13	35	**50**	750	—			
15	2	25	**40**	6	—	**65**	9	75	**90**	13	50	**60**	900	—			
16	2	40	**41**	6	15	**66**	9	90	**91**	13	65	**70**	1050	—			
17	2	55	**42**	6	30	**67**	10	05	**92**	13	80	**80**	1200	—			
18	2	70	**43**	6	45	**68**	10	20	**93**	13	95	**90**	1350	—			
19	2	85	**44**	6	60	**69**	10	35	**94**	14	10						
20	3	—	**45**	6	75	**70**	10	50	**95**	14	25						
21	3	15	**46**	6	90	**71**	10	65	**96**	14	40						
22	3	30	**47**	7	05	**72**	10	80	**97**	14	55						
23	3	45	**48**	7	20	**73**	10	95	**98**	14	70						
24	3	60	**49**	7	35	**74**	11	10	**99**	14	85						
25	3	75	**50**	7	50	**75**	11	25									

Aufschlagsatz = 15 M pro dz + 10 vom Hundert 16,50 M

für Brauereibetriebe, welche in der Staffel bis zu 1000 dz Malzverbrauch ihren Durchschnittsmalzverbrauch um mehr als 10 v. H. innerhalb eines Kalenderjahres überschreiten von der überschreitenden Menge. (MAGes. Art. 5 Abs. 3.)

Malzmenge	Aufschlagbetrag		Malzmenge	Aufschlagbetrag		Malzmenge	Aufschlagbetrag		Malzmenge	Aufschlagbetrag		Malzmenge	Aufschlagbetrag		Malzmenge	Aufschlagbetrag	
kg	M	Pf	kg	M	Pf	kg	M	Pf	kg	M	Pf	dz	M	Pf	dz	M	Pf
1	—	16	26	4	29	51	8	41	76	12	53	1	16	50	100	1650	—
2	—	33	27	4	46	52	8	58	77	12	70	2	33	—	200	3300	—
3	—	49	28	4	62	53	8	74	78	12	87	3	49	50	300	4950	—
4	—	66	29	4	79	54	8	91	79	13	03	4	66	—	400	6600	—
5	—	82	30	4	95	55	9	07	80	13	20	5	82	50	500	8250	—
6	—	99	31	5	11	56	9	24	81	13	36	6	99	—	600	9900	—
7	1	15	32	5	28	57	9	40	82	13	53	7	115	50	700	11500	—
8	1	32	33	5	44	58	9	57	83	13	69	8	132	—	800	13200	—
9	1	48	34	5	61	59	9	73	84	13	86	9	148	50	900	14850	—
10	1	65	35	5	77	60	9	90	85	14	02	10	165	—	1000	16500	—
11	1	81	36	5	94	61	10	06	86	14	19	20	330	—			
12	1	98	37	6	10	62	10	23	87	14	35	30	495	—			
13	2	14	38	6	27	63	10	39	88	14	52	40	660	—			
14	2	31	39	6	43	64	10	56	89	14	68	50	825	—			
15	2	47	40	6	60	65	10	72	90	14	85	60	990	—			
16	2	64	41	6	76	66	10	89	91	15	01	70	1155	—			
17	2	80	42	6	93	67	11	05	92	15	18	80	1320	—			
18	2	97	43	7	09	68	11	21	93	15	34	90	1485	—			
19	3	13	44	7	26	69	11	38	94	15	51						
20	3	30	45	7	42	70	11	55	95	15	67						
21	3	46	46	7	59	71	11	71	96	15	84						
22	3	63	47	7	75	72	11	88	97	16	—						
23	3	80	48	7	92	73	12	04	98	16	17						
24	3	97	49	8	08	74	12	21	99	16	33						
25	4	13	50	8	25	75	12	37									

Aufschlagsatz = 15,50 M pro dz

von 1000 bis zu 1500 dz des in einem Brauereibetrieb innerhalb eines Kalenderjahres steuerbar gewordenen ungeschroteten Malzes. (MAGes. Art. 5 Abs. 1 [Staffel 2] MAAB. § 8.)

Malzmenge	Aufschlagbetrag		Malzmenge	Aufschlagbetrag		Malzmenge	Aufschlagbetrag		Malzmenge	Aufschlagbetrag		Malzmenge	Aufschlagbetrag		Malzmenge	Aufschlagbetrag	
kg	M	Pf	kg	M	Pf	kg	M	Pf	kg	M	Pf	dz	M	Pf	dz	M	Pf
1	—	15	**26**	4	03	**51**	7	90	**76**	11	78	**1**	15	50	**100**	1550	—
2	—	31	**27**	4	18	**52**	8	06	**77**	11	93	**2**	31	—	**200**	3100	—
3	—	46	**28**	4	34	**53**	8	21	**78**	12	09	**3**	46	50	**300**	4650	—
4	—	62	**29**	4	49	**54**	8	37	**79**	12	24	**4**	62	—	**400**	6200	—
5	—	77	**30**	4	65	**55**	8	52	**80**	12	40	**5**	77	50	**500**	7750	—
6	—	93	**31**	4	80	**56**	8	68	**81**	12	55	**6**	93	—	**600**	9300	—
7	1	08	**32**	4	96	**57**	8	83	**82**	12	71	**7**	108	50	**700**	10850	—
8	1	24	**33**	5	11	**58**	8	99	**83**	12	86	**8**	124	—	**800**	12400	—
9	1	39	**34**	5	27	**59**	9	14	**84**	13	02	**9**	139	50	**900**	13950	—
10	1	55	**35**	5	42	**60**	9	30	**85**	13	17	**10**	155	—	**1000**	15500	—
11	1	70	**36**	5	58	**61**	9	45	**86**	13	33	**20**	310	—			
12	1	86	**37**	5	73	**62**	9	61	**87**	13	48	**30**	465	—			
13	2	01	**38**	5	89	**63**	9	76	**88**	13	64	**40**	620	—			
14	2	17	**39**	6	04	**64**	9	92	**89**	13	79	**50**	775	—			
15	2	32	**40**	6	20	**65**	10	07	**90**	13	95	**60**	930	—			
16	2	48	**41**	6	35	**66**	10	23	**91**	14	10	**70**	1085	—			
17	2	63	**42**	6	51	**67**	10	38	**92**	14	26	**80**	1240	—			
18	2	79	**43**	6	66	**68**	10	54	**93**	14	41	**90**	1395	—			
19	2	94	**44**	6	81	**69**	10	69	**94**	14	57						
20	3	10	**45**	6	97	**70**	10	85	**95**	14	72						
21	3	25	**46**	7	13	**71**	11	—	**96**	14	88						
22	3	41	**47**	7	28	**72**	11	16	**97**	15	03						
23	3	56	**48**	7	44	**73**	11	31	**98**	15	19						
24	3	72	**49**	7	59	**74**	11	47	**99**	15	34						
25	3	87	**50**	7	75	**75**	11	62									

Aufschlagsatz = 15,50 M pro dz + 10 vom Hundert = 17,05 M

für Brauereibetriebe, welche in der Staffel 1000 bis 1500 dz Malzverbrauch ihren Durchschnittsmalzverbrauch um mehr als 10 v. H. innerhalb eines Kalenderjahres überschreiten, von der überschreitenden Menge. MAGes. Art. 5 Abs. 3; MAAB. § 9 Abs. 4.)

Malzmenge	Aufschlagbetrag		Malzmenge	Aufschlagbetrag		Malzmenge	Aufschlagbetrag		Malzmenge	Aufschlagbetrag		Malzmenge	Aufschlagbetrag		Malzmenge	Aufschlagbetrag	
kg	M	Pf	kg	M	Pf	kg	M	Pf	kg	M	Pf	dz	M	Pf	dz	M	Pf
1	—	17	26	4	43	51	8	69	76	12	95	1	17	05	100	1705	—
2	—	34	27	4	60	52	8	86	77	13	12	2	34	10	200	3410	—
3	—	51	28	4	77	53	9	03	78	13	29	3	51	15	300	5115	—
4	—	68	29	4	94	54	9	20	79	13	46	4	68	20	400	6820	—
5	—	85	30	5	11	55	9	37	80	13	64	5	85	25	500	8525	—
6	1	02	31	5	28	56	9	54	81	13	81	6	102	30	600	10230	—
7	1	19	32	5	45	56	9	71	82	13	98	7	119	35	700	11935	—
8	1	36	33	5	62	58	9	88	83	14	15	8	136	40	800	13640	—
9	1	53	34	5	79	59	10	05	84	14	32	9	153	45	900	15345	—
10	1	70	35	5	96	60	10	23	85	14	49	10	170	50	1000	17050	—
11	1	87	36	6	13	61	10	40	86	14	66	20	341	—			
12	2	04	37	6	30	62	10	57	87	14	83	30	511	50			
13	2	21	38	6	47	63	10	74	88	15	—	40	682	—			
14	2	38	39	6	64	64	10	91	89	15	17	50	852	50			
15	2	55	40	6	82	65	11	08	90	15	34	60	1023	—			
16	2	72	41	6	99	66	11	25	91	15	51	70	1193	50			
17	2	89	42	7	16	67	11	42	92	15	68	80	1364	—			
18	3	06	43	7	33	68	11	59	93	15	85	90	1534	50			
19	3	23	44	7	50	69	11	76	94	15	92						
20	3	41	45	7	67	70	11	93	95	16	19						
21	3	58	46	7	84	71	12	10	96	16	36						
22	3	75	47	8	01	72	12	27	97	16	53						
23	3	92	48	8	18	73	12	44	98	16	70						
24	4	09	49	8	35	74	12	61	99	16	87						
25	4	26	50	8	52	75	12	78									

Aufschlagsatz = 16,00 M pro dz

von 1500 bis zu 2000 dz des in einem Brauereibetrieb innerhalb eines Kalenderjahres steuerbar gewordenen ungeschroteten Malzes. (MAGes. Art. 5 Abs. 1 [Staffel 3]; MAAB. § 9.)

Malzmenge	Aufschlagbetrag		Malzmenge	Aufschlagbetrag		Malzmenge	Aufschlagbetrag		Malzmenge	Aufschlagbetrag		Malzmenge	Aufschlagbetrag		Malzmenge	Aufschlagbetrag	
kg	M	Pf	kg	M	Pf	kg	M	Pf	kg	M	Pf	dz	M	Pf	dz	M	Pf
1	—	16	26	4	16	51	8	16	76	12	16	1	16	—	100	1600	—
2	—	32	27	4	32	52	8	32	77	12	32	2	32	—	200	3200	—
3	—	48	28	4	48	53	8	48	78	12	48	3	48	—	300	4800	—
4	—	64	29	4	64	54	8	64	79	12	64	4	64	—	400	6400	—
5	—	80	30	4	80	55	8	80	80	12	80	5	80	—	500	8000	—
6	—	96	31	4	96	56	8	96	81	12	96	6	96	—	600	9600	—
7	1	12	32	5	12	57	9	12	82	13	12	7	112	—	700	11200	—
8	1	28	33	5	28	58	9	28	83	13	28	8	128	—	800	12800	—
9	1	44	34	5	44	59	9	44	84	13	44	9	144	—	900	14400	—
10	1	60	35	5	60	60	9	60	85	13	60	10	160	—	1000	16000	—
11	1	76	36	5	76	61	9	76	86	13	76	20	320	—	2000	32000	—
12	1	92	37	5	92	62	9	92	87	13	92	30	480	—			
13	2	08	38	6	08	63	10	08	88	14	08	40	640	—			
14	2	24	39	6	24	64	10	24	89	14	24	50	800	—			
15	2	40	40	6	40	65	10	40	90	14	40	60	960	—			
16	2	56	41	6	56	66	10	56	91	14	56	70	1120	—			
17	2	72	42	6	72	67	10	72	92	14	72	80	1280	—			
18	2	88	43	6	88	68	10	88	93	14	88	90	1440	—			
19	3	04	44	7	04	69	11	04	94	15	04						
20	3	20	45	7	20	70	11	20	95	15	20						
21	3	36	46	7	36	71	11	36	96	15	36						
22	3	52	47	7	52	72	11	52	97	15	52						
23	3	68	48	7	68	73	11	68	98	15	68						
24	3	84	49	7	84	74	11	84	99	15	84						
25	4	—	50	8	—	75	12	—									

Aufschlagsatz = 16,00 M pro dz + 10 vom Hundert = 17,60 M

für Brauereibetriebe, welche in der Staffel 1500 bis 2000 dz Malzverbrauch ihren Durchschnittsmalzverbrauch um mehr als 10 v. H. innerhalb eines Kalenderjahres überschreiten, von der überschreitenden Menge. (MAGes. Art. 5 Abs. 3; MAAB. § 9 Abs. 4).

Malzmenge	Aufschlagbetrag		Malzmenge	Aufschlagbetrag		Malzmenge	Aufschlagbetrag		Malzmenge	Aufschlagbetrag		Malzmenge	Aufschlagbetrag		Malzmenge	Aufschlagbetrag	
kg	M	Pf	kg	M	Pf	kg	M	Pf	kg	M	Pf	dz	M	Pf	dz	M	Pf
1	—	17	26	4	57	51	8	97	76	13	37	1	17	60	100	1760	—
2	—	35	27	4	75	52	9	15	77	13	55	2	35	20	200	3520	—
3	—	52	28	4	92	53	9	32	78	13	72	3	52	80	300	5280	—
4	—	70	29	5	10	54	9	50	79	13	90	4	70	40	400	7040	—
5	—	88	30	5	28	55	9	68	80	14	08	5	88	—	500	8800	—
6	1	05	31	5	45	56	9	85	81	14	25	6	105	60	600	10560	—
7	1	23	32	5	63	57	10	03	82	14	43	7	123	20	700	12320	—
8	1	40	33	5	80	58	10	20	83	14	60	8	140	80	800	14080	—
9	1	58	34	5	98	59	10	38	84	14	78	9	158	40	900	15840	—
10	1	76	35	6	16	60	10	56	85	14	96	10	176	—	1000	17600	—
11	1	93	36	6	33	61	10	73	86	15	13	20	352	—	2000	35200	—
12	2	11	37	6	51	62	10	91	87	15	31	30	528	—			
13	2	28	38	6	68	63	11	08	88	15	48	40	704	—			
14	2	46	39	6	86	64	11	26	89	15	66	50	880	—			
15	2	64	40	7	04	65	11	44	90	15	84	60	1056	—			
16	2	81	41	7	21	66	11	61	91	16	01	70	1232	—			
17	2	99	42	7	39	67	11	79	92	16	19	80	1408	—			
18	3	16	43	7	56	68	11	96	93	16	36	90	1584	—			
19	3	34	44	7	74	69	12	14	94	16	54						
20	3	52	45	7	92	70	12	32	95	16	72						
21	3	69	46	8	09	71	12	49	96	16	89						
22	3	87	47	8	27	72	12	67	97	17	07						
23	4	04	48	8	44	73	12	84	98	17	24						
24	4	22	49	8	62	74	13	02	99	17	42						
25	4	40	50	8	80	75	13	20									

Aufschlagsatz = 16,50 M pro dz

von 2000 bis zu 2500 dz des in einem Brauereibetrieb innerhalb eines Kalenderjahres steuerbar gewordenen ungeschroteten Malzes. (MAGes. Art. 5 Abs. 1 [Staffel 4]; MAAB. § 9).

Malzmenge	Aufschlagbetrag		Malzmenge	Aufschlagbetrag		Malzmenge	Aufschlagbetrag		Malzmenge	Aufschlagbetrag		Malzmenge	Aufschlagbetrag		Malzmenge	Aufschlagbetrag	
kg	M	Pf	kg	M	Pf	kg	M	Pf	kg	M	Pf	dz	M	Pf	dz	M	Pf
1	—	16	26	4	29	51	8	41	76	12	53	1	16	50	100	1650	—
2	—	33	27	4	46	52	8	58	77	12	70	2	33	—	200	3300	—
3	—	49	28	4	62	53	8	74	78	12	87	3	49	50	300	4950	—
4	—	66	29	4	79	54	8	91	79	13	03	4	66	—	400	6600	—
5	—	82	30	4	95	55	9	07	80	13	20	5	82	50	500	8250	—
6	—	99	31	5	11	56	9	24	81	13	36	6	99	—	600	9900	—
7	1	15	32	5	28	57	9	40	82	13	53	7	115	50	700	11550	—
8	1	32	33	5	44	58	9	57	83	13	69	8	132	—	800	13200	—
9	1	48	34	5	61	59	9	73	84	13	86	9	148	50	900	14850	—
10	1	65	35	5	77	60	9	90	85	14	02	10	165	—	1000	16500	—
11	1	81	36	5	94	61	10	06	86	14	19	20	330	—	2000	33000	—
12	1	98	37	6	10	62	10	23	87	14	35	30	495	—			
13	2	14	38	6	27	63	10	39	88	14	52	40	660	—			
24	2	31	39	6	43	64	10	56	89	14	68	50	825	—			
15	2	47	40	6	60	65	10	72	90	14	85	60	990	—			
16	2	64	41	6	76	66	10	89	91	15	01	70	1155	—			
17	2	80	42	6	93	67	11	05	92	15	18	80	1320	—			
18	2	97	43	7	09	68	11	21	93	15	34	90	1485	—			
19	3	13	44	7	26	69	11	38	94	15	51						
20	3	30	45	7	42	70	11	55	95	15	67						
21	3	46	46	7	59	71	11	71	96	15	84						
22	3	63	47	7	75	72	11	88	97	16	00						
23	3	80	48	7	92	73	12	04	98	16	17						
24	3	97	49	8	08	74	12	21	99	16	33						
25	4	13	50	8	25	75	12	37									

Aufschlagsatz = 16,50 M pro dz + 10 vom Hundert = 18,15 M

für Brauereibetriebe, welche in der Staffel 2000 bis 2500 dz Malzverbrauch ihren Durchschnittsmalzverbrauch um mehr als 10 v. H. inerhalb eines Kalenderjahres überschreiten, von der überschreitenden Menge. (MAGes. Art. 5 Abs. 3; MAAB. § 9 Abs. 4.)

Malzmenge	Aufschlagbetrag		Malzmenge	Aufschlagbetrag		Malzmenge	Aufschlagbetrag		Malzmenge	Aufschlagbetrag		Malzmenge	Aufschlagbetrag		Malzmenge	Aufschlagbetrag	
kg	M	Pf	kg	M	Pf	kg	M	Pf	kg	M	Pf	dz	M	Pf	dz	M	Pf
1	—	18	26	4	71	51	9	25	76	13	79	1	18	15	100	1815	—
2	—	36	27	4	90	52	9	43	77	13	97	2	36	30	200	3630	—
3	—	54	28	5	08	53	9	61	78	14	15	3	54	45	300	5445	—
4	—	72	29	5	26	54	9	80	79	14	33	4	72	60	400	7260	—
5	—	90	30	5	44	55	9	98	80	14	52	5	90	75	500	9075	—
6	1	08	31	5	62	56	10	16	81	14	70	6	108	90	600	10890	—
7	1	27	32	5	80	57	10	34	82	14	88	7	127	05	700	12705	—
8	1	45	33	5	98	58	10	52	83	15	06	8	145	20	800	14520	—
9	1	63	34	6	17	59	10	70	84	15	24	9	163	35	900	16335	—
10	1	81	35	6	35	60	10	89	85	15	42	10	181	50	1000	18150	—
11	1	99	36	6	53	61	11	07	86	15	60	20	363	—	2000	36300	—
12	2	17	37	6	71	62	11	25	87	15	79	30	544	50			
13	2	35	38	6	89	63	11	43	88	15	97	40	726	—			
14	2	54	39	7	07	64	11	61	89	16	15	50	907	50			
15	2	72	40	7	26	65	11	79	90	16	33	60	1089	—			
16	2	90	41	7	44	66	11	97	91	16	51	70	1270	50			
17	3	08	42	7	62	67	12	16	92	16	69	80	1452	—			
18	3	26	43	7	80	68	12	34	93	16	87	90	1633	50			
19	3	44	44	7	98	69	12	52	94	17	06						
20	3	63	45	8	16	70	12	70	95	17	24						
21	3	81	46	8	34	71	12	88	96	17	42						
22	3	99	47	8	53	72	13	06	97	17	60						
32	4	17	48	8	71	73	13	24	98	17	78						
24	4	35	49	8	89	74	13	43	99	17	96						
25	4	53	50	9	07	75	13	61									

Aufschlagsatz = 17,00 M pro dz

von 2500 bis zu 300 dz des in einem Brauereibetrieb innerhalb eines Kalenderjahres steuerbar gewordenen ungeschroteten Malzes. (MAGes. Art. 5 Abs. 1 [Staffel 5]; MAAB. § 9.)

Malzmenge	Aufschlagbetrag		Malzmenge	Aufschlagbetrag		Malzmenge	Aufschlagbetrag		Malzmenge	Aufschlagbetrag		Malzmenge	Aufschlagbetrag		Malzmenge	Aufschlagbetrag	
kg	M	Pf	kg	M	Pf	kg	M	Pf	kg	M	Pf	dz	M	Pf	dz	M	Pf
1	—	17	**26**	4	42	**51**	8	67	**76**	12	92	**1**	17	—	**100**	1700	—
2	—	34	**27**	4	59	**52**	8	84	**77**	13	09	**2**	34	—	**200**	3400	—
3	—	51	**28**	4	76	**53**	9	01	**78**	13	26	**3**	51	—	**300**	5100	—
4	—	68	**29**	4	93	**54**	9	18	**79**	13	43	**4**	68	—	**400**	6800	—
5	—	85	**30**	5	10	**55**	9	35	**80**	13	60	**5**	85	—	**500**	8500	—
6	1	02	**31**	5	27	**56**	9	52	**81**	13	77	**6**	102	—	**600**	10200	—
7	1	19	**32**	5	44	**57**	9	69	**82**	13	94	**7**	119	—	**700**	11900	—
8	1	36	**33**	5	61	**58**	9	86	**83**	14	11	**8**	136	—	**800**	13600	—
9	1	53	**34**	5	78	**59**	10	03	**84**	14	28	**9**	153	—	**900**	15300	—
10	1	70	**35**	5	95	**60**	10	20	**85**	14	45	**10**	170	—	**1000**	17000	—
11	1	87	**36**	6	12	**61**	10	37	**86**	14	62	**20**	340	—	**2000**	34000	—
12	2	04	**37**	6	29	**62**	10	54	**87**	14	79	**30**	510	—	**3000**	51000	—
13	2	21	**38**	6	46	**63**	10	71	**88**	14	96	**40**	680	—			
14	2	38	**39**	6	63	**64**	10	88	**89**	15	13	**50**	850	—			
15	2	55	**40**	6	80	**65**	11	05	**90**	15	30	**60**	1020	—			
16	2	72	**41**	6	97	**66**	11	22	**91**	15	47	**70**	1190	—			
17	2	89	**42**	7	14	**67**	11	39	**92**	15	64	**80**	1360	—			
18	3	06	**43**	7	31	**68**	11	56	**93**	15	81	**90**	1530	—			
19	3	23	**44**	7	48	**69**	11	73	**94**	15	98						
20	3	40	**45**	7	65	**70**	11	90	**95**	16	15						
21	3	57	**46**	7	82	**71**	12	07	**96**	16	32						
22	3	74	**47**	7	99	**72**	12	24	**97**	16	49						
23	3	91	**48**	8	16	**73**	12	41	**98**	16	66						
24	4	08	**49**	8	33	**74**	12	58	**99**	16	83						
25	4	25	**50**	8	50	**75**	12	75									

Aufschlagsatz = 17,00 M pro dz + 10 vom Hundert = 18,70 M

für Brauereibetriebe, welche in der Staffel 2500 bis 3000 dz Malzverbrauch ihren Durchschnittsmalzverbrauch um mehr als 10 v. H. innerhalb eines Kalenderjahres überschreiten, von der überschreitenden Menge. (MAGes. Art. 5 Abs. 3; MAAB. § 9 Abs. 4.)

Malzmenge	Aufschlagbetrag		Malzmenge	Aufschlagbetrag		Malzmenge	Aufschlagbetrag		Malzmenge	Aufschlagbetrag		Malzmenge	Aufschlagbetrag		Malzmenge	Aufschlagbetrag	
kg	M	Pf	kg	M	Pf	kg	M	Pf	kg	M	Pf	dz	M	Pf	dz	M	Pf
1	—	18	26	4	86	51	9	53	76	14	21	1	18	80	100	1870	—
2	—	37	27	5	04	52	9	72	77	14	39	2	37	40	200	3740	—
3	—	56	28	5	23	53	9	91	78	14	58	3	56	10	300	5610	—
4	—	74	29	5	42	54	10	09	79	14	77	4	74	80	400	7480	—
5	—	93	30	5	61	55	10	28	80	14	96	5	93	50	500	9350	—
6	1	12	31	5	79	56	10	47	81	15	14	6	112	20	600	11220	—
7	1	30	32	5	98	57	10	65	82	15	33	7	130	90	700	13090	—
8	1	49	33	6	16	58	10	84	83	15	52	8	149	60	800	14960	—
9	1	68	34	6	35	59	11	03	74	15	70	9	168	30	900	16830	—
10	1	87	35	6	54	60	11	22	85	15	89	10	187	—	1000	18700	—
11	2	05	36	6	72	61	11	40	86	16	08	20	374	—	2000	37400	—
12	2	24	37	6	91	62	11	59	87	16	26	30	561	—	3000	56100	—
13	2	43	38	7	10	63	11	78	88	16	45	40	748	—			
14	2	61	39	7	29	64	11	96	89	16	64	50	935	—			
15	2	80	40	7	48	65	12	15	90	16	83	60	1122	—			
16	2	99	41	7	66	66	12	34	91	17	01	70	1309	—			
17	3	17	42	7	85	67	12	52	92	17	20	80	1496	—			
18	3	36	43	8	04	68	12	71	93	17	39	90	1683	—			
19	3	55	44	8	22	69	12	90	94	17	57						
20	3	74	45	8	41	70	13	09	95	17	76						
21	3	92	46	8	60	71	13	27	96	17	95						
22	4	11	47	8	78	72	13	46	97	18	13						
23	4	30	48	8	97	73	13	65	98	18	32						
24	4	48	49	9	16	74	13	83	99	18	51						
25	4	67	50	9	35	75	14	02									

Aufschlagsatz = 17,50 M pro dz

von 3000 bis 3500 dz des in einem Brauerbetrieb innerhalb eines Kalenderjahres steuerbar gewordenen ungeschroteten Malzes. (MAGes. Art. 5 Abs. 1 [Staffel 6] MAAB. § 9.)

Malzmenge	Aufschlagbetrag		Malzmenge	Aufschlagbetrag		Malzmenge	Aufschlagbetrag		Malzmenge	Aufschlagbetrag		Malzmenge	Aufschlagbetrag		Malzmenge	Aufschlagbetrag	
kg	M	Pf	kg	M	Pf	kg	M	Pf	kg	M	Pf	dz	M	Pf	dz	M	Pf
1	—	17	**26**	4	55	**51**	8	92	**76**	13	30	**1**	17	50	**100**	1750	—
2	—	35	**27**	4	72	**52**	9	10	**77**	13	47	**2**	35	—	**200**	3500	—
3	—	52	**28**	4	90	**53**	9	27	**78**	13	65	**3**	52	50	**300**	5250	—
4	—	70	**29**	5	07	**54**	9	45	**79**	13	82	**4**	70	—	**400**	7000	—
5	—	87	**30**	5	25	**55**	9	62	**80**	14	—	**5**	87	50	**500**	8750	—
6	1	05	**31**	5	42	**56**	9	80	**81**	14	17	**6**	105	—	**600**	10500	—
7	1	22	**32**	5	60	**57**	9	97	**82**	14	35	**7**	122	50	**700**	12250	—
8	1	40	**33**	5	77	**58**	10	15	**83**	14	52	**8**	140	—	**800**	14000	—
9	1	57	**34**	5	95	**59**	10	32	**84**	14	70	**9**	157	50	**900**	15750	—
10	1	75	**35**	6	12	**60**	10	50	**85**	14	87	**10**	175	—	**1000**	17500	—
11	1	92	**36**	6	30	**61**	10	67	**86**	15	05	**20**	350	—	**2000**	35000	—
12	2	10	**37**	6	47	**62**	10	85	**87**	15	22	**30**	525	—	**3000**	52500	—
13	2	27	**38**	6	65	**63**	11	02	**88**	15	40	**40**	700	—			
14	2	45	**39**	6	82	**64**	11	20	**89**	15	57	**50**	875	—			
15	2	62	**40**	7	00	**65**	11	37	**90**	15	75	**60**	1050	—			
16	2	80	**41**	7	17	**66**	11	55	**91**	15	92	**70**	1225	—			
17	2	97	**42**	7	35	**67**	11	72	**92**	16	10	**80**	1400	—			
18	3	15	**43**	7	52	**68**	11	90	**93**	16	27	**90**	1575	—			
19	3	32	**44**	7	70	**69**	12	07	**94**	16	45						
20	3	50	**45**	7	87	**70**	12	25	**95**	16	62						
21	3	67	**46**	8	05	**71**	12	42	**96**	16	80						
22	3	85	**47**	8	22	**72**	12	60	**97**	16	97						
23	4	02	**48**	8	40	**73**	12	77	**98**	17	15						
24	4	20	**49**	8	57	**74**	12	95	**99**	17	32						
25	4	37	**50**	8	75	**75**	13	12									

Aufschlagsatz = 17,50 M pro dz + 10 vom Hundert = 19,25 M

für Brauereibetriebe, welche in der Staffel 3000 bis 3500 dz Malzverbrauch ihren Durchschnittsmalzverbrauch um mehr als 10 v. H. innerhalb eines Kalenderjahres überschreiten, von der überschreitenden Menge. (MAGes. Art. 5 Abs. 3; MAAB. § 9 Abs. 4.)

Malzmenge	Aufschlagbetrag		Malzmenge	Aufschlagbetrag		Malzmenge	Aufschlagbetrag		Malzmenge	Aufschlagbetrag		Malzmenge	Aufschlagbetrag		Malzmenge	Aufschlagbetrag	
kg	M	Pf	kg	M	Pf	kg	M	Pf	kg	M	Pf	dz	M	Pf	dz	M	Pf
1	—	19	**26**	5	—	**51**	9	81	**76**	14	63	**1**	19	25	**100**	1925	—
2	—	38	**27**	5	19	**52**	10	01	**77**	14	82	**2**	38	50	**200**	3850	—
3	—	57	**28**	5	39	**53**	10	20	**78**	15	01	**3**	57	75	**300**	5775	—
4	—	77	**29**	5	58	**54**	10	39	**79**	15	20	**4**	77	—	**400**	7700	—
5	—	96	**30**	5	77	**55**	10	58	**80**	15	40	**5**	96	25	**500**	9625	—
6	1	15	**31**	5	96	**56**	10	78	**81**	15	59	**6**	115	50	**600**	11550	—
7	1	34	**32**	6	16	**57**	10	97	**82**	15	78	**7**	134	75	**700**	13475	—
8	1	54	**33**	6	35	**58**	11	16	**83**	15	97	**8**	154	—	**800**	15400	—
9	1	73	**34**	6	54	**59**	11	35	**84**	16	17	**9**	173	25	**900**	17325	—
10	1	92	**35**	6	73	**60**	11	55	**85**	16	36	**10**	192	50	**1000**	19250	—
11	2	11	**36**	6	93	**61**	11	74	**86**	16	55	**20**	385	—	**2000**	38500	—
12	2	31	**37**	7	12	**62**	11	93	**87**	16	74	**30**	577	50	**3000**	57750	—
13	2	50	**38**	7	31	**63**	12	12	**88**	16	94	**40**	770	—			
14	2	69	**39**	7	50	**64**	12	32	**89**	17	13	**50**	962	50			
15	2	88	**40**	7	70	**65**	12	51	**90**	17	32	**60**	1155	—			
16	3	08	**41**	7	89	**66**	12	70	**91**	17	51	**70**	1347	50			
17	3	27	**42**	8	08	**67**	12	89	**92**	17	71	**80**	1540	—			
18	3	46	**43**	8	27	**68**	13	09	**93**	17	90	**90**	1732	50			
19	3	65	**44**	8	47	**69**	13	28	**94**	18	09						
20	3	85	**45**	8	66	**70**	13	47	**95**	18	28						
21	4	04	**46**	8	85	**71**	13	66	**96**	18	48						
22	4	23	**47**	9	04	**72**	13	86	**97**	18	67						
23	4	42	**48**	9	24	**73**	14	05	**98**	18	86						
24	4	62	**49**	9	43	**74**	14	24	**99**	19	05						
25	4	81	**50**	9	62	**75**	14	43									

Aufschlagsatz = 18,00 M pro dz

von 3500 bis zu 4000 dz des in einem Brauereibetrieb innerhalb eines Kalenderjahres steuerbar gewordenen ungeschroteten Malzes. (MAGes. Art. 5 Abs. 1 [Staffel 7]; MAAB. § 9 Abs. 4.)

Malzmenge	Aufschlagbetrag		Malzmenge	Autschlagbetrag		Malzmenge	Aufschlagbetrag		Malzmenge	Aufschlagbetrag		Malzmenge	Aufschlagbetrag		Malzmenge	Aufschlagbetrag	
kg	M	Pf	kg	M	Pf	kg	M	Pf	kg	M	Pf	dz	M	Pf	dz	M	Pf
1	—	18	26	4	68	51	9	18	76	13	68	1	18	—	100	1800	—
2	—	36	27	4	86	52	9	36	77	13	86	2	36	—	200	3600	—
3	—	54	28	5	04	53	9	54	78	14	04	3	54	—	300	5400	—
4	—	72	29	5	22	54	9	72	79	14	22	4	72	—	400	7200	—
5	—	90	30	5	40	55	9	90	80	14	40	5	90	—	500	9000	—
6	1	08	31	5	58	56	10	08	81	14	58	6	108	—	600	10800	—
7	1	26	32	5	76	57	10	26	82	14	76	7	126	—	700	12600	—
8	1	44	33	5	94	58	10	44	83	14	94	8	144	—	800	14400	—
9	1	62	34	6	12	59	10	62	84	15	12	9	162	—	900	16200	—
10	1	80	35	6	30	60	10	80	85	15	30	10	180	—	1000	18000	—
11	1	98	36	6	48	61	10	98	86	15	48	20	360	—	2000	36000	—
12	2	16	37	6	66	62	11	16	87	15	66	30	540	—	3000	54000	—
13	2	34	38	6	54	63	11	34	88	15	84	40	720	—	4000	72000	—
14	2	52	39	7	02	64	11	52	98	16	02	50	900	—			
15	2	70	40	7	20	65	11	70	90	16	20	60	1080	—			
16	2	88	41	7	38	66	11	88	91	16	38	70	1260	—			
17	3	06	42	7	56	67	12	06	92	16	56	80	1440	—			
18	3	24	43	7	74	68	12	24	93	16	74	90	1620	—			
19	3	42	44	7	92	69	12	42	94	16	92						
20	3	60	45	8	10	70	12	60	95	17	10						
21	3	78	46	8	28	71	12	78	96	17	28						
22	3	96	47	8	46	72	12	96	97	17	46						
23	4	14	48	8	64	73	13	14	98	17	64						
24	4	32	49	8	82	74	13	32	99	17	82						
25	4	50	50	9	—	75	13	50									

Aufschlagsatz = 18,00 M pro dz + 10 vom Hundert = 19,80 M

für Brauereibetriebe, welche in der Staffel 3500 bis 4000 dz Malzverbrauch ihren Durchschnittsmalzverbrauch um mehr als 10 v. H. innerhalb eines Kalenderjahres überschreiten, von der überschreitenden Menge. (MAGes. Art. 5 Abs. 3; MAAB. § 9 Abs. 4.)

Malzmenge	Aufschlagbetrag		Malzmenge	Aufschlagbetrag		Malzmenge	Aufschlagbetrag		Malzmenge	Aufschlagbetrag		Malzmenge	Aufschlagbetrag		Malzmenge	Aufschlagbetrag	
kg	M	Pf	kg	M	Pf	kg	M	Pf	kg	M	Pf	dz	M	Pf	dz	M	Pf
1	—	19	26	5	14	51	10	09	76	15	04	1	19	80	100	1980	—
2	—	39	27	5	34	52	10	29	77	15	24	2	39	60	200	3960	—
3	—	59	28	5	54	53	10	49	78	15	44	3	59	40	300	5940	—
4	—	79	29	5	74	54	10	69	79	15	64	4	79	20	400	7920	—
5	—	99	30	5	94	55	10	89	80	15	84	5	99	—	500	9990	—
6	1	18	31	6	13	56	11	08	81	16	03	6	118	80	600	11800	—
7	1	38	32	6	33	57	11	28	82	16	23	7	138	60	700	13860	—
8	1	58	33	6	53	58	11	48	83	16	43	8	158	40	800	15840	—
9	1	78	34	6	73	59	11	68	84	16	63	9	178	20	900	17820	—
10	1	98	35	6	93	60	11	88	85	16	83	10	198	—	1000	19800	—
11	2	17	36	7	12	61	12	07	86	17	02	20	396	—	2000	39600	—
12	2	37	37	7	32	62	12	27	87	17	22	30	594	—	3000	59400	—
13	2	57	38	7	52	63	12	47	88	17	42	40	792	—	4000	79200	—
14	2	77	39	7	72	64	12	67	89	17	62	50	990	—			
15	2	97	40	7	92	65	12	87	90	17	82	60	1188	—			
16	3	16	41	8	11	66	13	06	91	18	01	70	1386	—			
17	3	36	42	8	31	67	13	26	92	18	21	80	1584	—			
18	3	56	43	8	51	68	13	46	93	18	41	90	1782	—			
19	3	76	44	8	71	69	13	66	94	18	61						
20	3	96	45	8	91	70	13	86	95	18	81						
21	4	15	46	9	10	71	14	05	96	19	—						
22	4	35	47	9	30	72	14	25	97	19	20						
23	4	55	48	9	50	73	14	45	98	19	40						
24	4	75	49	9	70	74	14	65	99	19	60						
25	4	95	50	9	90	75	14	85									

Aufschlagsatz = 18,50 M pro dz

von 4000 bis zu 4500 dz des in einem Brauereibetrieb innerhalb eines Kalenderjahres steuerbar gewordenen ungeschroteten Malzes. (MAGes. Art. 5 Abs. 1 [Staffel 8]; MAAB. § 9.)

Malzmenge	Aufschlagbetrag		Malzmenge	Aufschlagbetrag		Malzmenge	Aufschlagbetrag		Malzmenge	Aufschlagbetrag		Malzmenge	Aufschlagbetrag		Malzmenge	Aufschlagbetrag	
kg	M	Pf	kg	M	Pf	kg	M	Pf	kg	M	Pf	dz	M	Pf	dz	M	Pf
1	—	18	**26**	4	81	**51**	9	43	**76**	14	06	**1**	18	50	**100**	1850	—
2	—	37	**27**	4	99	**52**	9	62	**77**	14	24	**2**	37	—	**200**	3700	—
3	—	55	**28**	5	18	**53**	9	80	**78**	14	43	**3**	55	50	**300**	5550	—
4	—	74	**29**	5	36	**54**	9	99	**79**	14	61	**4**	74	—	**400**	7400	—
5	—	92	**30**	5	55	**55**	10	17	**80**	14	80	**5**	92	50	**500**	9250	—
6	1	11	**31**	5	73	**56**	10	36	**81**	14	98	**6**	111	—	**600**	11100	—
7	1	29	**32**	5	92	**57**	10	54	**82**	15	17	**7**	129	50	**700**	12900	—
8	1	48	**33**	6	10	**58**	10	73	**83**	15	35	**8**	148	—	**800**	14800	—
9	1	66	**34**	6	29	**59**	10	91	**84**	15	54	**9**	166	50	**900**	16600	—
10	1	85	**35**	6	47	**60**	11	10	**85**	15	72	**10**	185	—	**1000**	18500	—
11	2	03	**36**	6	66	**61**	11	28	**86**	15	91	**20**	370	—	**2000**	37000	—
12	2	22	**37**	6	84	**62**	11	47	**87**	16	09	**30**	555	—	**3000**	55500	—
13	2	40	**38**	7	03	**63**	11	65	**88**	16	28	**40**	740	—	**4000**	74000	—
14	2	59	**39**	7	21	**64**	11	84	**89**	16	46	**50**	925	—			
15	2	77	**40**	7	40	**65**	12	02	**90**	16	65	**60**	1110	—			
16	2	96	**41**	7	58	**66**	12	21	**91**	16	83	**70**	1290	—			
17	3	14	**42**	7	77	**67**	12	49	**92**	17	02	**80**	1480	—			
18	3	33	**43**	7	95	**68**	12	58	**93**	17	20	**90**	1660	—			
19	3	51	**44**	8	14	**69**	12	76	**94**	17	39						
20	3	70	**45**	8	32	**70**	12	95	**95**	17	57						
21	3	88	**46**	8	51	**71**	13	13	**96**	17	76						
22	4	07	**47**	8	69	**72**	13	32	**97**	17	94						
23	4	25	**48**	8	88	**73**	13	50	**98**	18	13						
24	4	44	**49**	9	06	**74**	13	69	**99**	18	31						
25	4	62	**50**	9	25	**75**	13	87									

Aufschlagsatz = 18,50 M pro dz + 10 vom Hundert = 20,35 M

für Brauereibetriebe, welche in der Staffel 4000 bis 4500 dz Malzverbrauch ihren Durchschnittsmalzverbrauch um mehr als 10 v. H. innerhalb eines Kalenderjahres überschreiten, von der überschreitenden Menge. (MAGes. Art. 5 Abs. 3; MAAB. § 9 Abs. 4.)

Malzmenge	Aufschlagbetrag		Malzmenge	Aufschlagbetrag		Malzmenge	Aufschlagbetrag		Malzmenge	Aufschlagbetrag		Malzmenge	Aufschlagbetrag		Malzmenge	Aufschlagbetrag	
kg	M	Pf	kg	M	Pf	kg	M	Pf	kg	M	Pf	dz	M	Pf	dz	M	Pf
1	—	20	**26**	5	29	**51**	10	37	**76**	15	46	**1**	20	35	**100**	2035	—
2	—	40	**27**	5	49	**52**	10	58	**77**	15	66	**2**	40	70	**200**	4070	—
3	—	61	**28**	5	69	**53**	10	78	**78**	15	87	**3**	61	05	**300**	6105	—
4	—	81	**29**	5	90	**54**	10	98	**79**	16	07	**4**	81	40	**400**	8140	—
5	1	01	**30**	6	10	**55**	11	19	**80**	16	28	**5**	101	75	**500**	10175	—
6	1	22	**31**	6	30	**56**	11	39	**81**	16	48	**6**	122	10	**600**	12210	—
7	1	42	**32**	6	51	**57**	11	59	**82**	16	68	**7**	142	45	**700**	14245	—
8	1	62	**33**	6	71	**58**	11	80	**83**	16	89	**8**	162	80	**800**	16280	—
9	1	83	**34**	6	91	**59**	12	—	**84**	17	09	**9**	183	15	**900**	18315	—
10	2	03	**35**	7	12	**60**	12	21	**85**	17	29	**10**	203	50	**1000**	20350	—
11	2	23	**36**	7	32	**61**	12	41	**86**	17	50	**20**	407	—	**2000**	40700	—
12	2	44	**37**	7	52	**62**	12	61	**87**	17	70	**30**	610	50	**3000**	61050	—
13	2	64	**38**	7	73	**63**	12	82	**88**	17	90	**40**	814	—	**4000**	81400	—
14	2	84	**39**	7	93	**64**	13	02	**89**	18	11	**50**	1017	50			
15	3	05	**40**	8	14	**65**	13	22	**90**	18	31	**60**	1221	—			
16	3	25	**41**	8	34	**66**	13	43	**91**	18	51	**70**	1424	50			
17	3	45	**42**	8	54	**67**	13	63	**92**	18	72	**80**	1628	—			
18	3	66	**43**	8	75	**68**	13	83	**93**	18	92	**90**	1831	50			
19	3	86	**44**	8	95	**69**	14	04	**94**	19	12						
20	4	07	**45**	9	15	**70**	14	24	**95**	19	33						
21	4	27	**46**	9	36	**71**	14	44	**96**	19	53						
22	4	47	**47**	9	56	**72**	14	65	**97**	19	73						
23	4	68	**48**	9	76	**73**	14	85	**98**	19	94						
24	4	88	**49**	9	97	**74**	15	05	**99**	20	14						
25	5	08	**50**	10	17	**75**	15	26									

Aufschlagsatz = 19,00 M pro dz

von 4500 bis zu 5000 dz des in einem Brauereibetrieb innerhalb eines Kalenderjahres steuerbar gewordenen ungeschroteten Malzes. (MAGes. Art. 5 Abs. 1 [Staffel 9]; MAAB. § 8.)

Malzmenge	Aufschlagbetrag		Malzmenge	Aufschlagbetrag		Malzmenge	Aufschlagbetrag		Malzmenge	Aufschlagbetrag		Malzmenge	Aufschlagbetrag		Malzmenge	Aufschlagbetrag	
kg	M	Pf	kg	M	Pf	kg	M	Pf	kg	M	Pf	dz	M	Pf	dz	M	Pf
1	—	19	26	4	94	51	9	69	76	14	44	1	19	—	100	1900	—
2	—	38	27	5	13	52	9	88	77	14	63	2	38	—	200	3800	—
3	—	57	28	5	32	53	10	07	78	14	82	3	57	—	300	5700	—
4	—	76	29	5	51	54	10	26	79	15	01	4	76	—	400	7600	—
5	—	95	30	5	70	55	10	45	80	15	20	5	95	—	500	9500	—
6	1	14	31	5	89	56	10	64	81	15	39	6	114	—	600	11400	—
7	1	33	32	6	08	57	10	83	82	15	58	7	133	—	700	13300	—
8	1	52	33	6	27	58	11	02	83	15	77	8	152	—	800	15200	—
9	1	71	34	6	46	59	11	21	84	15	96	9	171	—	900	17100	—
10	1	90	35	6	65	60	11	40	85	16	15	10	190	—	1000	19000	—
11	2	09	36	6	84	61	11	59	86	16	34	20	380	—	2000	38000	—
12	2	28	37	7	03	62	11	73	87	16	53	30	570	—	3000	57000	—
13	2	47	38	7	22	63	11	97	88	16	72	40	760	—	4000	76000	—
14	2	66	39	7	41	64	12	16	89	16	91	50	950	—	5000	95000	—
15	2	85	40	7	60	65	12	35	90	17	10	60	1140	—			
16	3	04	41	7	79	66	12	54	91	17	29	70	1330	—			
17	3	23	42	7	98	67	12	73	92	17	48	80	1520	—			
18	3	42	43	8	17	68	12	92	93	17	67	90	1710	—			
19	3	61	44	8	36	69	13	11	94	17	86						
20	3	80	45	8	55	70	13	30	95	18	05						
21	3	99	46	8	74	71	13	49	86	18	24						
22	4	18	47	8	93	72	13	68	97	18	43						
23	4	37	48	9	12	73	13	87	98	18	62						
24	4	56	49	9	31	74	14	06	99	18	81						
25	4	75	50	9	50	75	14	25									

Aufschlagsatz = 19,00 M pro dz + 10 vom Hundert = 20,90 M

für Brauereibetriebe, welche in der Staffel 4500 bis 5000 dz Malzverbrauch ihren Durchschnittsmalzverbrauch um mehr als 10 v. H. innerhalb eines Kalenderjahres überschreiten, von der überschreitenden Menge. (MAGes. Art. 5 Abs. 3; MAAB. § 9 Abs. 4.)

Malzmenge	Aufschlagbetrag		Malzmenge	Aufschlagbetrag		Malzmenge	Aufschlagbetrag		Malzmenge	Aufschlagbetrag		Malzmenge	Aufschlagbetrag		Malzmenge	Aufschlagbetrag	
kg	M	Pf	kg	M	Pf	kg	M	Pf	kg	M	Pf	dz	M	Pf	dz	M	Pf
1	—	20	**26**	5	43	**51**	10	66	**76**	15	89	**1**	20	90	**100**	2090	—
2	—	41	**27**	5	64	**52**	10	87	**77**	16	10	**2**	41	80	**200**	4180	—
3	—	62	**28**	5	85	**53**	11	08	**78**	16	30	**3**	62	70	**300**	6270	—
4	—	83	**29**	6	06	**54**	11	29	**79**	16	51	**4**	83	60	**400**	8360	—
5	1	04	**30**	6	27	**55**	11	50	**80**	16	72	**5**	104	50	**500**	10450	—
6	1	25	**31**	6	48	**56**	11	70	**81**	16	93	**6**	125	40	**600**	12540	—
7	1	46	**32**	6	69	**57**	11	91	**82**	17	14	**7**	146	30	**700**	14630	—
8	1	67	**33**	6	90	**58**	12	12	**83**	17	35	**8**	167	20	**800**	16720	—
9	1	88	**34**	7	10	**59**	12	33	**84**	17	56	**9**	188	10	**900**	18810	—
10	2	09	**35**	7	31	**60**	12	54	**85**	17	77	**10**	209	—	**1000**	20900	—
11	2	29	**36**	7	52	**61**	12	75	**86**	17	98	**20**	418	—	**2000**	41800	—
12	2	50	**37**	7	73	**62**	12	96	**87**	18	19	**30**	627	—	**3000**	62700	—
13	2	71	**38**	7	94	**63**	13	17	**88**	18	40	**40**	836	—	**4000**	83600	—
14	2	92	**39**	8	15	**64**	13	38	**89**	18	60	**50**	1045	—	**5000**	104500	—
15	3	13	**40**	8	36	**65**	13	59	**90**	18	81	**60**	1254	—			
16	3	34	**41**	8	57	**66**	13	80	**91**	19	02	**70**	1463	—			
17	3	55	**42**	8	78	**67**	14	—	**92**	19	23	**80**	1672	—			
18	3	76	**43**	8	99	**68**	14	21	**93**	19	44	**90**	1881	—			
19	3	97	**44**	9	20	**69**	14	42	**94**	19	65						
20	4	18	**45**	9	40	**70**	14	63	**95**	19	86						
21	4	39	**46**	9	61	**71**	14	84	**96**	20	07						
22	4	60	**47**	9	82	**72**	15	05	**97**	20	28						
23	4	80	**48**	10	03	**73**	15	26	**98**	20	49						
24	5	01	**49**	10	24	**74**	15	47	**99**	20	70						
25	5	22	**50**	10	45	**75**	15	68									

Aufschlagsatz = 19,50 M pro dz

von 5000 bis zu 6000 dz des in einem Brauereibetrieb innerhalb eines Kalenderjahres steuerbar gewordenen ungeschroteten Malzes. (MAGes. Art. 5 Abs. 1 [Staffel 10]; MAAB. § 9.)

Malzmenge	Aufschlagbetrag		Malzmenge	Aufschlagbetrag		Malzmenge	Aufschlagbetrag		Malzmenge	Aufschlagbetrag		Malzmenge	Aufschlagbetrag		Malzmenge	Aufschlagbetrag	
kg	M	Pf	kg	M	Pf	kg	M	Pf	kg	M	Pf	dz	M	Pf	dz	M	Pf
1	—	19	**26**	5	07	**51**	9	94	**76**	14	82	**1**	19	50	**100**	1950	—
2	—	39	**27**	5	26	**52**	10	14	**77**	15	01	**2**	39	—	**200**	3900	—
3	—	58	**28**	5	46	**53**	10	33	**78**	15	21	**3**	58	50	**300**	5850	—
4	—	78	**29**	5	65	**54**	10	53	**79**	15	40	**4**	78	—	**400**	7800	—
5	—	97	**30**	5	85	**55**	10	72	**80**	15	60	**5**	97	50	**500**	9750	—
6	1	17	**31**	6	04	**56**	10	92	**81**	15	79	**6**	117	—	**600**	11700	—
7	1	36	**32**	6	24	**57**	11	11	**82**	15	99	**7**	136	50	**700**	13650	—
8	1	56	**33**	6	43	**58**	11	31	**83**	16	18	**8**	156	—	**800**	15600	—
9	1	75	**34**	6	63	**59**	11	50	**84**	16	38	**9**	175	50	**900**	17550	—
10	1	95	**35**	6	82	**60**	11	70	**85**	16	57	**10**	195	—	**1000**	19500	—
11	2	14	**36**	7	02	**61**	11	89	**86**	16	77	**20**	390	—	**2000**	39000	—
12	2	34	**37**	7	21	**62**	12	09	**87**	16	96	**30**	585	—	**3000**	58500	—
13	2	53	**38**	7	41	**63**	12	28	**88**	17	16	**40**	780	—	**4000**	78000	—
14	2	73	**39**	7	60	**64**	12	48	**89**	17	35	**50**	975	—	**5000**	97500	—
15	2	92	**40**	7	80	**65**	12	67	**90**	17	55	**60**	1170	—	**6000**	117000	—
16	3	12	**41**	7	99	**66**	12	87	**91**	17	44	**70**	1365	—			
17	3	31	**42**	8	19	**67**	13	06	**92**	17	94	**80**	1560	—			
18	3	51	**43**	8	38	**68**	13	26	**93**	18	13	**90**	1755	—			
19	3	70	**44**	8	58	**69**	13	45	**94**	18	33						
20	3	90	**45**	8	77	**70**	13	65	**95**	18	52						
21	4	09	**46**	8	97	**71**	13	84	**96**	18	72						
22	4	29	**47**	9	16	**72**	14	04	**97**	18	91						
23	4	48	**48**	9	36	**73**	14	23	**98**	19	11						
24	4	68	**49**	9	55	**74**	14	43	**99**	19	30						
25	4	87	**50**	9	75	**75**	14	62									

Aufschlagsatz = 19,50 M pro dz + 10 vom Hundert = 21,45 M

für Brauereibetriebe, welche in der Staffel 5000 bis 6000 dz Malzverbrauch ihren Durchschnittsmalzverbrauch um mehr als 10 v. H. innerhalb eines Kalenderjahres überschreiten, von der überschreitenden Menge. (MAGes. Art. 5 Abs. 3; MAAB. § 9 Abs. 4.)

Malzmenge	Aufschlagbetrag		Malzmenge	Aufschlagbetrag		Malzmenge	Aufschlagbetrag		Malzmenge	Aufschlagbetrag		Malzmenge	Aufschlagbetrag		Malzmenge	Aufschlagbetrag	
kg	M	Pf	kg	M	Pf	kg	M	Pf	kg	M	Pf	dz	M	Pf	dz	M	Pf
1	—	21	**26**	5	57	**51**	10	93	**76**	16	30	**1**	21	45	**100**	2145	—
2	—	42	**27**	5	79	**52**	11	15	**77**	16	51	**2**	42	90	**200**	4290	—
3	—	64	**28**	6	—	**53**	11	36	**78**	16	73	**3**	64	35	**300**	6435	—
4	—	85	**29**	6	22	**54**	11	58	**79**	16	94	**4**	85	80	**400**	8580	—
5	1	07	**30**	6	43	**55**	11	79	**80**	17	16	**5**	107	25	**500**	10725	—
6	1	28	**31**	6	64	**56**	12	—	**81**	17	37	**6**	128	70	**600**	12870	—
7	1	50	**32**	6	86	**57**	12	22	**82**	17	58	**7**	150	15	**700**	15015	—
8	1	71	**33**	7	07	**58**	12	44	**83**	17	80	**8**	171	60	**800**	17160	—
9	1	93	**34**	7	29	**59**	12	65	**84**	18	01	**9**	193	05	**900**	19305	—
10	2	14	**35**	7	50	**60**	12	87	**85**	18	23	**10**	214	50	**1000**	21450	—
11	2	35	**36**	7	72	**61**	13	08	**86**	18	44	**20**	429	—	**2000**	42900	—
12	2	57	**37**	7	93	**62**	13	30	**87**	18	66	**30**	643	50	**3000**	64350	—
13	2	78	**38**	8	15	**63**	13	51	**88**	18	87	**40**	858	—	**4000**	85800	—
14	3	—	**39**	8	36	**64**	13	73	**89**	19	09	**50**	1072	50	**5000**	107250	—
15	3	21	**40**	8	58	**65**	13	94	**90**	19	30	**60**	1287	—	**6000**	128700	—
16	3	43	**41**	8	79	**66**	14	15	**91**	19	51	**70**	1501	50			
17	3	64	**42**	9	—	**67**	14	37	**92**	19	73	**80**	1716	—			
18	3	86	**43**	9	22	**68**	14	58	**93**	19	94	**90**	1930	50			
19	4	07	**44**	9	43	**69**	14	80	**94**	20	16						
20	4	29	**45**	9	65	**70**	15	01	**95**	20	37						
21	4	50	**46**	9	86	**71**	15	22	**96**	20	59						
22	4	72	**47**	10	08	**72**	15	44	**97**	20	80						
23	4	93	**48**	10	29	**73**	15	65	**98**	21	02						
24	5	14	**49**	10	51	**74**	15	87	**99**	21	23						
25	5	36	**50**	10	72	**75**	16	08									

Aufschlagsatz = 20 M pro dz

bis zu 6000 dz des in einem Brauereibetrieb innerhalb eines Kalenderjahres steuerbar gewordenen ungeschroteten Malzes. (MAGes. Art. 5 Abs. 1 [Staffel 11]; MAAB. § 9.)

Malzmenge	Aufschlagbetrag		Malzmenge	Aufschlagbetrag		Malzmenge	Aufschlagbetrag		Malzmenge	Aufschlagbetrag		Malzmenge	Aufschlagbetrag		Malzmenge	Aufschlagbetrag	
kg	M	Pf	kg	M	Pf	kg	M	Pf	kg	M	Pf	dz	M	Pf	dz	M	Pf
1	—	20	**26**	5	20	**51**	10	20	**76**	15	20	**1**	20	—	**600**	12000	—
2	—	40	**27**	5	40	**52**	10	40	**77**	15	40	**2**	40	—	**700**	14000	—
3	—	60	**28**	5	60	**53**	10	60	**78**	15	60	**3**	60	—	**800**	16000	—
4	—	80	**29**	5	80	**54**	10	80	**79**	15	80	**4**	80	—	**900**	18000	—
5	1	—	**30**	6	—	**55**	11	—	**80**	16	—	**5**	100	—	**1000**	20000	—
6	1	20	**31**	6	20	**56**	11	20	**81**	16	20	**6**	120	—	**2000**	40000	—
7	1	40	**32**	6	40	**57**	11	40	**82**	16	40	**7**	140	—	**3000**	60000	—
8	1	60	**33**	6	60	**58**	11	60	**83**	16	60	**8**	160	—	**4000**	80000	—
9	1	80	**34**	6	80	**59**	11	80	**84**	16	80	**9**	180	—	**5000**	100000	—
10	2	—	**35**	7	—	**60**	12	—	**85**	17	—	**10**	200	—	**6000**	120000	—
11	2	20	**36**	7	20	**61**	12	20	**86**	17	20	**20**	400	—	**7000**	140000	—
12	2	40	**37**	7	40	**62**	12	40	**87**	17	40	**30**	600	—	**8000**	160000	—
13	2	60	**38**	7	60	**63**	12	60	**88**	17	60	**40**	800	—	**9000**	180000	—
14	2	80	**39**	7	80	**64**	12	80	**89**	17	80	**50**	1000	—	**10000**	200000	—
15	3	—	**40**	8	—	**65**	13	—	**90**	18	—	**60**	1200	—	**20000**	400000	—
16	3	20	**41**	8	20	**66**	13	20	**91**	18	20	**70**	1400	—	**30000**	600000	—
17	3	40	**42**	8	40	**67**	13	40	**92**	18	40	**80**	1600	—	**40000**	800000	—
18	3	60	**43**	8	60	**68**	13	60	**93**	18	60	**90**	1800	—	**50000**	1000000	—
19	3	80	**44**	8	80	**69**	13	80	**94**	18	80	**100**	2000	—			
20	4	—	**45**	9	—	**70**	14	—	**95**	19	—	**200**	4000	—			
21	4	20	**46**	9	20	**71**	14	20	**96**	19	20	**300**	6000	—			
22	4	40	**47**	9	40	**72**	14	40	**97**	19	40	**400**	8000	—			
23	4	60	**48**	9	60	**73**	14	60	**98**	19	60	**500**	10000	—			
24	4	80	**49**	9	80	**74**	14	80	**99**	19	80						
25	5	—	**50**	10	—	**75**	15	—									

Aufschlagsatz = 20 M pro dz + 10 vom Hundert = 22,00 M

für Brauereibetriebe, welche in der Staffel mehr als 6000 dz Malzverbrauch ihren Durchschnittsmalzverbrauch um mehr als 5 v. H. innerhalb eines Kalenderjahres überschreiten, von der überschreitenden Menge. (MAGes. Art. 5 Abs. 3; MAAB. § 9 Abs. 4.)

Malzmenge	Aufschlagbetrag		Malzmenge	Aufschlagbetrag		Malzmenge	Aufschlagbetrag		Malzmenge	Aufschlagbetrag		Malzmenge	Aufschlagbetrag		Malzmenge	Aufschlagbetrag	
kg	M	Pf	kg	M	Pf	kg	M	Pf	kg	M	Pf	dz	M	Pf	dz	M	Pf
1	—	22	26	5	72	51	11	22	76	16	72	1	22	—	600	13200	—
2	—	44	27	5	94	52	11	44	77	16	94	2	44	—	700	15400	—
3	—	66	28	6	16	53	11	66	78	17	16	3	66	—	800	17600	—
4	—	88	29	6	38	54	11	88	79	17	38	4	88	—	900	19800	—
5	1	10	30	6	60	55	12	10	80	17	60	5	110	—	1000	22000	—
6	1	32	31	6	82	56	13	32	81	17	82	6	132	—	2000	44000	—
7	1	54	32	7	04	57	12	54	82	18	04	7	154	—	3000	66000	—
8	1	76	33	7	26	58	12	76	83	18	26	8	176	—	4000	88000	—
9	1	98	34	7	48	59	12	98	84	18	48	9	198	—	5000	110000	—
10	2	20	35	7	70	60	13	20	85	18	70	10	220	—	6000	132000	—
11	2	42	36	7	92	61	13	42	86	18	92	20	440	—	7000	154000	—
12	2	64	37	8	14	62	13	64	87	19	14	30	660	—	8000	176000	—
13	2	86	38	8	36	63	13	86	88	19	36	40	880	—	9000	198000	—
14	3	08	39	8	58	64	14	08	89	19	58	50	1100	—	10000	220000	—
15	3	30	40	8	80	65	14	30	90	19	80	60	1320	—	20000	440000	—
16	3	52	41	9	02	66	14	52	91	20	02	70	1540	—	30000	660000	—
17	3	74	42	9	24	67	14	74	92	20	24	80	1760	—	40000	880000	—
18	3	96	43	9	46	68	14	96	93	20	46	90	1980	—	50000	1100000	—
19	4	18	44	9	68	69	15	18	94	20	68	100	2200	—			
20	4	40	45	9	90	70	15	40	95	20	90	200	4400	—			
21	4	62	46	10	12	71	15	62	96	21	12	300	6600	—			
22	4	84	47	10	34	72	15	84	97	21	34	400	3800	—			
23	5	06	48	10	56	73	16	06	98	21	56	500	11000	—			
24	5	28	49	10	78	74	16	28	99	21	78						
25	5	50	50	11	—	75	16	50									

Gemeindlicher Malzaufschlag

nach dem Satze von 1.90 M pro dz.

Malzmenge	Aufschlagbetrag		Malzmenge	Aufschlagbetrag		Malzmenge	Aufschlagbetrag		Malzmenge	Aufschlagbetrag		Malzmenge	Aufschlagbetrag		Malzmenge	Aufschlagbetrag	
kg	M	Pf	kg	M	Pf	kg	M	Pf	kg	M	Pf	dz	M	Pf	dz	M	Pf
1	—	1	26	—	49	51	—	96	76	1	44	1	1	90	100	190	—
2	—	3	27	—	51	52	—	98	77	1	46	2	3	80	200	380	—
3	—	5	28	—	53	53	1	—	78	1	48	3	5	70	300	570	—
4	—	7	29	—	55	54	1	02	79	1	50	4	7	60	400	760	—
5	—	9	30	—	57	55	1	04	80	1	52	5	9	50	500	950	—
6	—	11	31	—	58	56	1	06	81	1	53	6	11	40	600	1140	—
7	—	13	32	—	60	57	1	08	82	1	55	7	13	30	700	1330	—
8	—	15	33	—	62	58	1	10	83	1	57	8	15	20	800	1520	—
9	—	17	34	—	64	59	1	12	84	1	59	9	17	10	900	1710	—
10	—	19	35	—	66	60	1	14	85	1	61	10	19	—	1000	1900	—
11	—	20	36	—	68	61	1	15	86	1	63	20	38	—	2000	3800	—
12	—	22	37	—	70	62	1	17	87	1	65	30	57	—	3000	5700	—
13	—	24	38	—	72	63	1	19	88	1	67	40	76	—	4000	7600	—
14	—	26	39	—	74	64	1	21	89	1	69	50	95	—	5000	9500	—
15	—	28	40	—	76	65	1	23	90	1	71	60	114	—	6000	11400	—
16	—	30	41	—	77	66	1	25	91	1	72	70	133	—	7000	13300	—
17	—	32	42	—	79	67	1	27	92	1	74	80	152	—	8000	15200	—
18	—	34	43	—	81	68	1	29	93	1	76	90	171	—	9000	17100	—
19	—	36	44	—	83	69	1	31	94	1	78				10000	19000	—
20	—	38	45	—	85	70	1	33	95	1	80				20000	38000	—
21	—	39	46	—	87	71	1	34	96	1	82				30000	57000	—
22	—	41	47	—	89	72	1	36	97	1	84				40000	76000	—
23	—	43	48	—	91	73	1	38	98	1	86				50000	95000	—
24	—	45	49	—	93	74	1	40	99	1	88						
25	—	47	50	—	95	75	1	42									

Übergangsabgabe

für eine verwendete Malzmenge von 21,5 kg für 1 hl Bier = 4 M 30 Pf.

(ABl. 1911 S. 331 und 526.)

(Dieser Satz wird erst ab 1. Oktober 1913 als allgemeiner Satz angewendet).

Biermenge	Übergangsabgabe		Biermenge	Übergangsabgabe		Biermenge	Übergangsabgabe		Biermenge	Übergangsabgabe		Biermenge	Übergangsabgabe		Biermenge	Übergangsabgabe	
l	M	Pf	l	M	Pf	l	M	Pf	l	M	Pf	hl	M	Pf	hl	M	Pf
1	—	4	**26**	1	11	**51**	2	19	**76**	3	26	**1**	4	30	**100**	430	—
2	—	8	**27**	1	16	**52**	2	23	**77**	3	31	**2**	8	60	**200**	860	—
3	—	12	**28**	1	20	**53**	2	27	**78**	3	35	**3**	12	90	**300**	1290	—
4	—	17	**29**	1	24	**54**	2	32	**79**	3	39	**4**	17	20	**400**	1720	—
5	—	21	**30**	1	29	**55**	2	36	**80**	3	44	**5**	21	50	**500**	2150	—
6	—	25	**31**	1	33	**56**	2	40	**81**	3	48	**6**	25	80	**600**	2580	—
7	—	30	**32**	1	37	**57**	2	45	**82**	3	52	**7**	30	10	**700**	3010	—
8	—	34	**33**	1	41	**58**	2	49	**83**	3	57	**8**	34	40	**800**	3440	—
9	—	38	**34**	1	46	**59**	2	53	**84**	3	61	**9**	38	70	**900**	3870	—
10	—	43	**35**	1	50	**60**	2	58	**85**	3	65	**10**	43	—	**1000**	4300	—
11	—	47	**36**	1	54	**61**	2	62	**86**	3	69	**20**	86	—	**2000**	8600	—
12	—	51	**37**	1	59	**62**	2	66	**87**	3	74	**30**	129	—	**3000**	12900	—
13	—	56	**38**	1	63	**63**	2	70	**88**	3	78	**40**	172	—	**4000**	17200	—
14	—	60	**39**	1	67	**64**	2	75	**89**	3	82	**50**	215	—	**5000**	21500	—
15	—	64	**40**	1	72	**65**	2	79	**90**	3	87	**60**	258	—	**6000**	25800	—
16	—	69	**41**	1	76	**66**	2	83	**91**	3	91	**70**	301	—	**7000**	30100	—
17	—	73	**42**	1	80	**67**	2	88	**92**	3	95	**80**	344	—	**8000**	34400	—
18	—	77	**43**	1	84	**68**	2	92	**93**	3	99	**90**	387	—	**9000**	38700	—
19	—	82	**44**	1	89	**69**	2	96	**94**	4	04				**10000**	43000	—
20	—	86	**45**	1	93	**70**	3	01	**95**	4	08						
21	—	90	**46**	1	97	**71**	3	05	**96**	4	12						
22	—	94	**47**	2	02	**72**	3	09	**97**	4	17						
23	—	98	**48**	2	06	**73**	3	13	**98**	4	21						
24	1	03	**49**	2	10	**74**	3	18	**99**	4	25						
25	1	07	**50**	2	15	**75**	3	22									

Übergangsabgabe

für eine verwendete Malzmenge von 21.6, 21.7, 21.8, 21.9 und 22 kg für 1 hl Bier = 4 M 40 Pf.

(ABl. 1911 S. 331 und 526.)

Biermenge	Übergangsabgabe		Biermenge	Übergangsabgabe		Biermenge	Übergangsabgabe		Biermenge	Übergangsabgabe		Biermenge	Übergangsabgabe		Biermenge	Übergangsabgabe	
l	M	Pf	l	M	Pf	l	M	Pf	l	M	Pf	hl	M	Pf	hl	M	Pf
1	—	4	26	1	14	51	2	24	76	3	34	1	4	40	100	440	—
2	—	8	27	1	19	52	2	28	77	3	38	2	8	80	200	880	—
3	—	13	28	1	23	53	2	33	78	3	43	3	13	20	300	1320	—
4	—	17	29	1	28	54	2	37	79	3	47	4	17	60	400	1740	—
5	—	22	30	1	32	55	2	42	80	3	52	5	22	—	500	2200	—
6	—	26	31	1	36	56	2	46	81	3	56	6	26	40	600	2640	—
7	—	30	32	1	41	57	2	50	82	3	60	7	30	80	700	3080	—
8	—	35	33	1	45	58	2	55	83	3	65	8	35	20	800	3520	—
9	—	39	34	1	50	59	2	59	84	3	69	9	39	60	900	3960	—
10	—	44	35	1	54	60	2	64	85	3	74	10	44	—	1000	4400	—
11	—	48	36	1	58	61	2	68	86	3	78	20	88	—	2000	8800	—
12	—	52	37	1	63	62	2	72	87	3	82	30	132	—	3000	13200	—
13	—	57	38	1	67	63	2	77	88	3	87	40	176	—	4000	17600	—
14	—	62	39	1	72	64	2	81	89	3	91	50	220	—	5000	22000	—
15	—	66	40	1	76	65	2	86	90	3	96	60	264	—	6000	26400	—
16	—	70	41	1	80	66	2	90	91	4	—	70	308	—	7000	30800	—
17	—	75	42	1	84	67	2	94	92	4	04	80	352	—	8000	35200	—
18	—	79	43	1	89	68	2	99	93	4	09	90	396	—	9000	39600	—
19	—	84	44	1	93	69	3	03	94	4	13				10000	44000	—
20	—	88	45	1	98	70	3	08	95	4	18						
21	—	92	46	2	02	71	3	12	96	4	22						
22	—	97	47	2	06	72	3	16	97	4	26						
23	1	01	48	2	11	73	3	21	98	4	31						
24	1	06	49	2	15	74	3	25	99	4	35						
25	1	10	50	2	20	75	3	30									

Übergangsabgabe

für eine verwendete Malzmenge von 22.1, 22.2, 22.3, 22.4 und 22.5 kg für 1 hl Bier = 4 M 50 Pf.

(ABl. 1911 S. 331 und 526.)

Biermenge	Übergangsabgabe		Biermenge	Übergangsabgabe		Biermenge	Übergangsabgabe		Biermenge	Übergangsabgabe		Biermenge	Übergangsabgabe		Biermenge	Übergangsabgabe	
l	M	Pf	l	M	Pf	l	M	Pf	l	M	Pf	hl	M	Pf	hl	M	Pf
1	—	4	26	1	17	51	2	29	76	3	42	1	4	50	100	450	—
2	—	9	27	1	21	52	2	34	77	3	46	2	9	—	200	900	—
3	—	13	28	1	26	53	2	38	78	3	51	3	13	50	300	1350	—
4	—	18	29	1	30	54	2	43	79	3	55	4	18	—	400	1800	—
5	—	22	30	1	35	55	2	47	80	3	60	5	22	50	500	2250	—
6	—	27	31	1	39	56	2	52	81	3	64	6	27	—	600	2700	—
7	—	31	32	1	44	57	2	56	82	3	69	7	31	50	700	3150	—
8	—	36	33	1	48	58	2	61	83	3	73	8	36	—	800	3600	—
9	—	40	34	1	53	59	2	65	84	3	78	9	40	50	900	4050	—
10	—	45	35	1	57	60	2	70	85	3	82	10	45	—	1000	4500	—
11	—	49	36	1	62	61	2	74	86	3	87	20	90	—	2000	9000	—
12	—	54	37	1	66	62	2	79	87	3	91	30	135	—	3000	13500	—
13	—	58	38	1	71	63	2	83	88	3	96	40	180	—	4000	18000	—
14	—	63	39	1	75	64	2	88	89	4	—	50	225	—	5000	22500	—
15	—	67	40	1	80	65	2	92	90	4	05	60	270	—	6000	27000	—
16	—	72	41	1	84	66	2	97	91	4	09	70	310	—	7000	31000	—
17	—	76	42	1	89	67	3	01	92	4	14	80	360	—	8000	36000	—
18	—	81	43	1	93	68	3	06	93	4	18	90	405	—	9000	40500	—
19	—	85	44	1	98	69	3	10	94	4	23				10000	45000	—
20	—	90	45	2	02	70	3	15	95	4	27				20000	90000	—
21	—	94	46	2	07	71	3	19	96	4	32				30000	135000	—
22	—	99	47	2	11	72	3	24	97	4	36				40000	180000	—
23	1	03	48	2	16	73	3	28	98	4	41				50000	225000	—
24	1	08	49	2	20	74	3	33	99	4	45						
25	1	12	50	2	25	75	3	37									

Übergangsabgabe

für eine verwendete Malzmenge von 22.6, 22.7, 22.8, 22.9 und 23.0 kg für 1 hl Bier = 4 M 60 Pf.

(ABl. 1911 S. 331 und 526.)

Biermenge	Übergangsabgabe		Biermenge	Übergangsabgabe		Biermenge	Übergangsabgabe		Biermenge	Übergangsabgabe		Biermenge	Übergangsabgabe		Biermenge	Übergangsabgabe	
l	M	Pf	l	M	Pf	l	M	Pf	l	M	Pf	hl	M	Pf	hl	M	Pf
1	—	4	**26**	1	19	**51**	2	34	**76**	3	49	**1**	4	60	**100**	460	—
2	—	9	**27**	1	24	**52**	2	39	**77**	3	54	**2**	9	20	**200**	920	—
3	—	13	**28**	1	28	**53**	2	43	**78**	3	58	**3**	13	80	**300**	1380	—
4	—	18	**29**	1	33	**54**	2	48	**79**	3	63	**4**	18	40	**400**	1840	—
5	—	23	**30**	1	38	**55**	2	53	**80**	3	68	**5**	23	—	**500**	2300	—
6	—	27	**31**	1	42	**56**	2	57	**81**	3	72	**6**	27	60	**600**	2760	—
7	—	32	**32**	1	47	**57**	2	62	**82**	3	77	**7**	32	20	**700**	3220	—
8	—	36	**33**	1	51	**58**	2	66	**83**	3	81	**8**	36	80	**800**	3680	—
9	—	41	**34**	1	56	**59**	2	71	**84**	3	86	**9**	41	40	**900**	4140	—
10	—	46	**35**	1	61	**60**	2	76	**85**	3	91	**10**	46	—	**1000**	4600	—
11	—	50	**36**	1	65	**61**	2	80	**86**	3	95	**20**	92	—	**2000**	9200	—
12	—	55	**37**	1	70	**62**	2	85	**87**	4	—	**30**	138	—	**3000**	13800	—
13	—	59	**38**	1	74	**63**	2	89	**88**	4	04	**40**	184	—	**4000**	18400	—
14	—	64	**39**	1	79	**64**	2	94	**89**	4	09	**50**	230	—	**5000**	23000	—
15	—	69	**40**	1	84	**65**	2	99	**90**	4	14	**60**	276	—	**6000**	27600	—
16	—	73	**41**	1	88	**66**	3	03	**91**	4	18	**70**	322	—	**7000**	32200	—
17	—	78	**42**	1	93	**67**	3	08	**92**	4	23	**80**	368	—	**8000**	36800	—
18	—	82	**43**	1	97	**68**	3	12	**93**	4	27	**90**	414	—	**9000**	41400	—
19	—	87	**44**	2	02	**69**	3	17	**94**	4	32				**10000**	46000	—
20	—	92	**45**	2	07	**70**	3	22	**95**	4	37						
21	—	96	**46**	2	11	**71**	3	26	**96**	4	41						
22	1	01	**47**	2	16	**72**	3	31	**97**	4	46						
23	1	05	**48**	2	20	**73**	3	35	**98**	4	50						
24	1	10	**49**	2	25	**74**	3	40	**99**	4	55						
25	1	15	**50**	2	30	**75**	3	45									

Übergangsabgabe

für eine verwendete Malzmenge von 30 kg = 6.00 M. Dieser Satz findet nur Anwendung, wenn die Einfuhr ohne steueramtliche Angabe der Malzverwendung erfolgt.

(ABl. 1911 S. 331 und 526.)

Biermenge	Übergangsabgabe		Biermenge	Übergangsabgabe		Biermenge	Übergangsabgabe		Biermenge	Übergangsabgabe		Biermenge	Übergangsabgabe		Biermenge	Übergangsabgabe	
l	M	Pf	l	M	Pf	l	M	M	l	M	Pf	hl	M	Pf	hl	M	Pf
1	—	6	**26**	1	56	**51**	3	06	**76**	4	56	**1**	6	—	**100**	600	--
2	—	12	**27**	1	62	**52**	3	12	**77**	4	62	**2**	12	—	**200**	1200	—
3	—	18	**28**	1	68	**53**	3	18	**78**	4	68	**3**	18	—	**300**	1800	—
4	—	24	**29**	1	74	**54**	3	24	**79**	4	74	**4**	24	—	**400**	2400	—
5	—	30	**30**	1	80	**55**	3	30	**80**	4	80	**5**	30	—	**500**	3000	--
6	—	36	**31**	1	86	**56**	3	36	**81**	4	86	**6**	36	—	**600**	3600	—
7	—	42	**32**	1	92	**57**	3	42	**82**	4	92	**7**	42	—	**700**	4200	—
8	—	48	**33**	1	98	**58**	3	48	**83**	4	98	**8**	48	-	**800**	4800	—
9	—	54	**34**	2	04	**59**	3	54	**84**	5	04	**9**	54	—	**900**	5400	—
10	—	60	**35**	2	10	**60**	3	60	**85**	5	10	**10**	60	—	**1000**	6000	—
11	—	66	**36**	2	16	**61**	3	66	**86**	5	16	**20**	120	—	**2000**	12000	—
12	—	72	**37**	2	22	**62**	3	72	**87**	5	22	**30**	180	—	**3000**	18000	—
13	—	78	**38**	2	28	**63**	3	78	**88**	5	28	**40**	240	—	**4000**	24000	—
14	—	84	**39**	2	34	**64**	3	84	**89**	5	34	**50**	300	—	**5000**	30000	—
15	—	90	**40**	2	40	**65**	3	90	**90**	5	40	**60**	360	—	**6000**	36000	—
16	—	96	**41**	2	46	**66**	3	96	**91**	5	46	**70**	420	—	**7000**	42000	—
17	1	02	**42**	2	52	**67**	4	02	**92**	5	52	**80**	480	—	**8000**	48000	—
18	1	08	**43**	2	58	**68**	4	08	**93**	5	58	**90**	540	—	**9000**	54000	—
19	1	14	**44**	2	64	**69**	4	14	**94**	5	64				**10000**	60000	—
20	1	20	**45**	2	70	**70**	4	20	**95**	5	70						
21	1	26	**46**	2	76	**71**	4	26	**96**	5	76						
22	1	32	**47**	2	82	**72**	4	32	**97**	5	82						
32	1	38	**48**	2	88	**73**	4	38	**98**	5	88						
24	1	44	**49**	2	94	**74**	4	44	**99**	5	94						
25	1	50	**50**	3	—	**75**	4	50									

Druck von Dr. F. P. Datterer & Cie. (Inh. Arthur Sellier) München und Freising.

www.ingramcontent.com/pod-product-compliance
Lightning Source LLC
LaVergne TN
LVHW042254300926
849161LV00003B/598